Alto Agile
Pars Destruens

Manifesto di Politica Agile

Alto Agile
Pars Destruens

Manifesto di Politica Agile

Angelo Mario

politicaagile.org
2020

Prima Edizione: 2020

ISBN 978-1-71650-493-8

politicaagile.org
Gallarate Italia 21013 www.politicaagile.org

"Sta arrivando una tempesta signor Wayne.
È meglio che lei e i suoi amici vi prepariate al
peggio perché quando arriverà vi chiederete come
avete potuto pensare di vivere così alla grande
lasciando così poco per tutti noi."
Selina Kyle
(Il cavaliere oscuro – Il ritorno)

Indice

Angelo Mario

Introduzione

La situazione attuale e in particolare gli ultimi avvenimenti relativi alla Brexit e alla vittoria di Trump hanno evidenziato un malcontento profondo, trasversale e al momento ancora silenzioso che non è stato intercettato, capito e quindi ascoltato né dalla politica né dalla cultura e ancor meno dalla classe dirigente nel suo insieme.

Questo malcontento non è stato intercettato dai partiti tradizionali, perché come dicevo è trasversale, dal disoccupato, all'operario sottopagato, dall'impiegato che pensava di aver raggiunto un certo benessere e ora arriva a fatica a fine mese, all'imprenditore che non solo non vede più ricchezza nel suo futuro ma vede con terrore la fine della sua attività imprenditoriale senza avere un alternativa di sussistenza davanti (non avendo esperienza o titoli da spendere sul mercato del lavoro come dipendente).

Questa trasversalità ha fatto in modo che al momento questo malcontento, che ancora non è rabbia distruttrice, non sia stato incanalato e organizzato da qualche forza politica che si faccia voce del malcontento. Se poi questa voce sarà pacifica o rivoluzionaria dipenderà da quanto tempo passerà prima che venga ascoltata.

Questo disagio ha trovato spesso sfogo in quei movimenti estremisti, chiamati genericamente populisti sebbene spesso molto differenti tra loro, che hanno fornito dei comodi e semplici colpevoli o capri espiatori per convogliare su di sé il consenso, sebbene anch'essi non capiscano le ragioni profonde di questo malcontento e non offrano delle soluzioni.

In particolare, ci si è rivolti ancora una volta ai due estremi della politica del '900 cioè estrema destra (Le Pen, la Lega di Salvini, Alba Dorata, etc.) ed estrema sinistra (Syriza, Podemos per citare i principali) che non rappresentano più le esigenze e le difficoltà del presente, ma che vengono ancora visti come movimenti di protesta e come unica alternativa allo status quo.

Da parte loro le due anime politiche dominanti, una volta in contrapposizione, che per semplificare chiameremo partito popolare e partito socialdemocratico, sono percepiti a ragione come l'establishment.

Entrambe, infatti, sono profondamente convinte che questo sistema politico e sociale attuale sia il migliore dei mondi possibili, una volta archiviate le esperienze estreme del Novecento (nazismo e comunismo). Le ricette offerte da entrambe le formazioni sono infatti indistinguibili nella direzione e nell'approccio, e si possono riconoscere solo da dettagli nell'attuazione del programma che per tradizione più che per convinzione rimangono talvolta differenti (più e meno tasse, più o meno privato, più e meno finanza ma le differenze sono punti percentuali, la ricetta è la stessa).

In particolare, entrambe sono convinte che la globalizzazione e il conseguente dominio della finanza, non solo sia inevitabile (e probabilmente è vero) ma sia anche "giusto" e quindi ingovernabile, come "giusta" e ingovernabile è l'evoluzione della specie tramite la selezione naturale del migliore che sia un animale o la società.

In questo panorama sono però nate alcune interessanti iniziative, spesso come movimenti spontanei della società civile, capaci di raccogliere parte del malcontento e individuando nella corruzione e nel potere incontrastato della finanza e quindi nella globalizzazione non controllata i mali principali da combattere. Non hanno ancora saputo elaborare una proposta di governo e una direzione chiara da indicare ai propri elettori o attivisti, ma percepiscono chiaramente che la direzione attuale non ci sta portando nel migliore dei mondi possibili.

Solo con una visione nuova di governo della globalizzazione potranno essere credibili come forza di governo convincendo e rassicurando quella parte della società civile che percepisce le storture del sistema attuale ma non vede nei populismi la risposta a questi mali. Se questi movimenti non saranno in grado di elaborare e presentare una nuova visione della società, rimarranno relegati nel ruolo di partiti di protesta, perdendo in breve il consenso attuale a favore di estremisti portatori di formule facili, efficaci quanto errate, ma soprattutto non incidendo minimamente sulla società. Infatti, la mancanza di una visione, di un'idea forte che guidi la politica creerà le condizioni per l'ascesa dell'uomo forte che verrà interpretato dalla popolazione come portatore di idee, laddove in effetti sarà solo portatore di facili slogan.

Il presente manifesto vuole proporre insieme un'analisi della situazione attuale scevra da ideologie precostituite, una visione a cui tendere e infine un metodo per elaborare e attuare un programma che renda possibile questa visione a lungo termine della società.

Se è vero che nel lungo termine la società si aggiusta trovando un bilanciamento come sostengono i liberisti, questo avviene a discapito dei più deboli e dopo anni di sofferenze, lotte e rivoluzioni.

Sintetizzando, la missione di questa movimento è quella di stimolare la definizione di una nuova concezione della società che aiuti ad accorciare temporalmente questa fase di transizione che genera ingiustizia sociale, così come nel ciclo della fondazione di Asimov, la fondazione si proponeva di abbreviare la fase di instabilità e barbarie dovuta alla caduta dell'impero prima della successiva fase pacifica e di ordine sociale.

Perché questo sia possibile c'è bisogno dell'aiuto di tutti coloro che si ritrovano in questa visione perché solo con l'apporto di diverse sensibilità e competenze è possibile definire e successivamente attuare un progetto che possa veramente incidere sulla società.

Pars Destruens

L'analisi che segue non è guidata da studi o ricerche ma semplicemente da una lettura critica del contesto attuale e degli avvenimenti degli ultimi anni supportata dal buon senso e dal tentativo di vedere avvenimenti, cause ed effetti da un'angolazione differente.

Per questa sua natura rischia di essere facilmente additata di "qualunquismo" (e magari seppur con le migliori intenzione qualche deduzione potrebbe pure esserlo) o di "populismo" ma fintanto che si risponderà a queste osservazioni di buon senso nascondendosi dietro formulazioni complesse da addetti ai lavori con l'intento di sminuire sia l'osservazione sia l'interlocutore rimarrà sempre in me la convinzione che si voglia nascondere la verità.

La diseguaglianza sociale

L'analisi della situazione attuale parte da un dato oggettivo certificato da più fonti: l'aumentare del divario tra la popolazione più ricca e quella più povera, laddove non solo la diseguaglianza aumenta tra il più povero e il più ricco, ma contemporaneamente la percentuale dei più ricchi si riduce mentre la percentuale dei poveri aumenta ingrossata da quella che una volta era la classe media/benestante.

Non bisogna lasciarsi ingannare dai numeri assoluti, poiché il numero di super ricchi aumenta ma solo perché la finanza con la sua smisurata ricchezza ha raggiunto paesi una volta completamente poveri e dove ora una piccolissima percentuale di popolazione (ma in valore assoluto significativa) sta beneficiando della ricchezza prodotta dal resto della popolazione.

Con la caduta del comunismo e il prevalere del capitalismo, la diseguaglianza sociale non solo è stata assimilata come evento inevitabile e insito della società reale (relegando l'uguaglianza sociale a mera chimera di qualche società utopica non perseguibile che sia esse di stampo comunista o cattolica) ma è stata anche esaltata come benzina indispensabile al motore dell'evoluzione verso una società più ricca e nel lungo periodo anche giusta.

Il dogmatismo di questa visione è così profondo che anche chi non ne condivide il metodo e non pensa che le conseguenze siano accettabili, non ne mette in discussione la veridicità e l'efficacia economica ma ne contesta l'applicazione in nome di valori etici e morali.

Semplificando il discorso è questo: si è vero dal punto di vista puramente economico lo strapotere della finanza globalizzata è la migliore e unica evoluzione del capitalismo, ma siccome siamo magnanimi cerchiamo di ridistribuire un po' di questa ricchezza anche ai poveri, giusto per mettere in pace la coscienza e non creare disordini sociali.

Anche le teorie della decrescita felice predicano la decrescita e demonizzano il progresso in nome della sostenibilità ambientale e della ricerca del benessere in altri valori diversi dalla ricchezza, ma non ne contestano l'efficacia.

Sono invece convinto che questa visione economico/sociale sia fallace anche da punto di vista puramente economico e si basa su due assunzioni false:

- Il mercato se lasciato libero non solo premia il migliore dal punto di vista della redditività ma induce anche le compagnie ad adeguarsi al bene comune perché il cittadino/consumatore premierà nel lungo periodo le società con comportamenti virtuosi sotto tutti i punti di vista.

- Le multinazionali globali sono l'unica evoluzione possibile delle aziende essendo le più efficienti ed efficaci sotto tutti gli aspetti

Siamo quindi di fronte alla teoria dell'evoluzione della specie applicata alle aziende, e come tale viene presa per vera con atteggiamento dogmatico, così come nessuno osa metterla in dubbio nel campo dell'evoluzione naturale (sebbene numerose lacune anche in questo campo richiederebbero se non una revisione almeno una integrazione della teoria).

Entrambe le affermazioni sono facilmente confutabili utilizzando semplicemente il buon senso e un'analisi per quanto grossolana degli avvenimenti degli ultimi anni.

senso e un'analisi per quanto grossolana degli avvenimenti degli ultimi anni.

Angelo Mario

Il mercato si autoregola

L'autoregolamentazione del mercato verso il bene comune è uno dei mantra di questi anni non solo per giustificare la deregolamentazione e quindi minor controllo dello stato sulle aziende ma anche per giustificare comportamenti se non palesemente illegali sicuramente scorretti e con dei costi nascosti a carico della collettività.

Il sottinteso di questo assioma è che il furbo alla fine fa anche il bene della società perché crea ricchezza che in parte ricadrà su di tutti.

Questo ragionamento è evidentemente fallace su diversi aspetti ma mi soffermerò solo sugli aspetti principali.

Se è vero che in alcune circostanze i comportamenti dei consumatori nel lungo periodo indirizzano le aziende verso comportamenti virtuosi, non è invece evidente il costo per la collettività di questo approccio.

Innanzitutto, a dispetto dei principi del capitalismo, non prevale l'azienda migliore ma la più furba poiché nel breve periodo, l'azienda che non rispetta le regole ha un vantaggio competitivo che le permette di prevalere sulle altre. Nel lungo periodo poi queste aziende avranno il tempo per evitare i comportamenti più scorretti se spinti dalla opinione pubblica ma in un contesto dove saranno ormai scomparse le aziende oneste in competizione sullo stesso mercato. Sarà per loro facile mantenere il vantaggio competitivo acquisito in maniera scorretta.

Il costo enorme di questo approccio ricade sulla collettività in termini di impatti ambientali e di impatti sociali.

Impatti ambientali in quanto l'inquinamento prodotto da queste aziende che non rispettano le leggi o che comunque delocalizzano laddove non ci sono leggi specifiche, ricade sulla salute della collettività. Esempi di questo modo di agire sono all'ordine del giorno e ben conosciuti, il diesel gate ne è solo il più famoso ma non certo unico né il peggiore.

Impatti sociali dovuti all' abbassamento della qualità della vita della forza lavoro dovuta all'impiego disinvolto dei contratti precari o ad una delocalizzazione selvaggia favorita da un contesto legislativo internazionale non pronto ad affrontare queste pratiche scorrette.

Altri impatti sociali sono poi dovuti alla commistione con la delinquenza organizzata che sempre più di frequente caratterizza l'agire di aziende senza scrupoli.

Il secondo mito da sfatare è che il consumatore premi e indirizzi il mercato verso il bene comune. Questa affermazione sottende l'equazione consumatore = cittadino e quindi più in generale che gli interessi del consumatore siano coincidenti con quelli del cittadino nel suo senso più ampio.

Anche in questo caso bastano pochi esempi per capire come questo ragionamento sia falso in quanto il cittadino agisce come consumatore solo in alcuni momenti della giornata mentre per il resto è lavoratore, genitore, paziente, etc. e gli interessi del consumatore non coincidono con quelli del lavoratore, del genitore, del paziente etc.

È chiaro, infatti, che è interesse del consumatore avere il bene al prezzo più basso ma non del lavoratore essere sfruttato e senza diritti in modo che l'azienda offra il bene a prezzi sempre più bassi.

Allo stesso modo è indubbia la comodità di negozi aperti 24/7 senza week end e festività, ma non lo è né per il lavoratore costretto a sacrificare le festività né per la società in generale che vede scomparire quei momenti che rafforzano la famiglia come nucleo fondante della comunità.

Lo stesso vale per i nuovi servizi chiamati di "sharing economy" o servizi on demand che altro non sono che lavori a cottimo non regolamentati dove singoli lavoratori senza tutele e diritti sono chiamati di volta in volta per piccoli servizi come la consegna a domicilio o il trasporto sulla propria auto: indubbiamente sono un vantaggio per il consumatore che può avere la cena o il pacco eCommerce a casa con una spesa irrisoria, ma questo servizio è sostenibile economicamente solo ledendo i diritti dei lavoratori che si assorbono, rischi, pause, ferie, malattie etc.

L'aspetto incredibile è che tutti questi servizi che nella narrazione contemporanea sono resi possibili dalla rivoluzione digitale, sono in realtà non sostenibili economicamente e lo diventano solo grazie alla precarizzazione e sfruttamento di forza lavoro non organizzata. Cioè la rivoluzione digitale non ha reso questi servizi più economici grazie alle nuove tecnologie, ma ha solo permesso alle aziende di disintermediare il rapporto con il lavoratore da parte dei sindacati e di contrattare di volta in volta con il singolo lavoratore la prestazione tornando indietro di millenni nel rapporto datore di lavoro-lavoratore.

Tutto questo grazie anche alla connivenza di sindacati e forze di sinistra che hanno fatto finta di non vedere la progressiva precarizzazione della forza lavoro attuata prima tramite finte cooperative di lavoratori (in particolare nella logistica) e ultimamente con l'avvento dell'economia on demand (vedi Deliveroo, Uber, etc.).

Angelo Mario

Grande uguale migliore

Da anni oramai è luogo comune che per sopravvivere nel mercato globale le aziende dovranno fondersi e diventare sempre più grandi, perché solo i grandi gruppi globali sopravvivranno.

Tale assioma è così dogmatico, che durante la crisi del mercato dell'auto post 2008, si indicava come motivo della crisi della FIAT, non il fatto che avesse fatto auto fuori dal mercato per anni, ma la sua "piccola" dimensione rispetto ai colossi americani e giapponesi. Peccato che nessuno facesse notare come al contempo l'azienda automobilistica più in crisi fosse proprio GM cioè la più grande di tutte. Lo stesso era vero per le diverse banche o finanziare in crisi in quel periodo, che sono state salvate con soldi o interventi pubblici.

È quindi vero che per sopravvivere nel mercato globale bisogna essere grandi/globali, ma non perché l'azienda è più efficiente grazie all'economia di scala e ai costi della ricerca condivisi, ma perché più grande si è più grande sarà l'impatto sociale in caso di fallimento e quindi maggiore sarà la propensione dello stato ad intervenire e maggiori saranno le pressioni delle aziende per regole che le favoriscano.

Tornando all'esempio FIAT Chrysler, è evidente che la fusione avesse più interessi ad accedere ai finanziamenti pubblici erogati da Obama, che dalle efficienze possibili unendo le due aziende.

Chiunque abbia lavorato in una multinazionale più o meno estesa, ha ben presente come l'efficienza non sia proporzionale alla dimensione, bensì dopo una certa dimensione l'efficienza sia invece inversamente proporzionale. Non solo le organizzazioni tendono ad essere inefficienti, confuse ma tendono a mostrare gli stessi mali delle grosse organizzazioni pubbliche: burocrazia imperante, decisioni guidate dalla politica interna e dai rapporti di forza della leadership, obiettivi diversi e spesso in conflitto tra le varie divisioni e non sempre allineati agli obiettivi aziendali.

Se oltre all'efficienza analizziamo un altro caposaldo del capitalismo, come la capacità di innovare ed essere differenzianti e quindi vincenti, ci accorgiamo che anche sotto questo aspetto grande non implica migliore. Sono molti gli esempi passati e presenti di multinazionali leader di settore incapaci di innovare una volta raggiunta la supremazia in un mercato, e soccombere in breve tempo travolte dall'innovazione di nuovi player di mercato: nel passato citiamo IBM non in grado di riconoscere l'innovazione di Microsoft e Apple, e ben più recenti l'incapacità di innovare di Nokia ed Erikson travolti dall'iPhone. Nel presente basta constatare come nessuno degli eventi innovati degli ultimi anni sia nato all'interno di una multinazionale (ad eccezione dell'iPhone): Google, Facebook, Amazon, eBay per citare i casi più famosi.

Ma ancor più singolare è notare come queste stesse società nate da intuizioni geniali e innovative, in pochi anni diventate multinazionali, facciamo ora fatica ad innovare e siano continuamente anticipate e sorpassate da nuovi player, WhatsApp, Pinterest, etc., mentre i loro tentativi di innovare spesso risultino goffi: Google+, Google Glass, etc.

Lo stesso comportamento lo possiamo notare in altri settori, primo fra tutti quello automobilistico, dove la vera innovazione è arrivata grazie ad un outsider come Tesla, mentre le enormi multi-nazionale sedute sul loro monopolio di fatto si accontentavano di piccole evoluzioni necessarie per stimolare un ricambio di autoveicoli.

Questa incapacità è così evidente e accertata che le multinazionali non sono corse ai ripari con nuovi modelli e approcci di ricerca e sviluppo, ma rendendo parte integrante del sistema il fenomeno delle startup innovative grazie all'enorme potere finanziario in loro possesso: l'innovazione e i rischi ai piccoli per poi capitalizzare le idee vincenti a suon di milioni di dollari, che però frenano sul nascere l'ingresso di nuovi player di mercato potenzialmente pericolosi.

Ma se queste sono le difficoltà delle Multinazionali Globali, come mai sono vincenti e nessuno mette in dubbio la validità di questo modello?

Ovviamente le multinazionali hanno molti fattori che le rendono competitive e in alcune settori e situazioni le più adatte e vincenti, ma quello che non torna alla luce delle lacune riscontrate è che siano il solo e unico modello possibile, dando la piccola e media impresa come perdente sempre e comunque.

Semplicemente perché stanno giocando con regole truccate.

È come se in una partita di calcio una squadra giocasse non solo con arbitro e guardalinee dalla propria parte ma con regole differenti, senza fuorigioco e con la propria porta più piccola. In questo scenario non è più importante avere il migliore allenatore e i migliori giocatori per vincere, basta presentarsi in campo. Ma allo stesso tempo gli spettatori non saranno intrattenuti dal miglior spettacolo possibile, ma dall'unico disponibile sebbene noioso.

Le regole truccate in favore delle multinazionali sono diverse ma ci soffermiamo solo sulle più evidenti e importanti:

- Lobby e potere di pressione sugli stati: arbitri di parte
- Tassazione e Paradisi Fiscali: porta più piccola
- Delocalizzazione: 22 giocatori in campo
- Finanza globale e virtuale: nessun fuorigioco

Lobby e potere di pressione sugli stati: arbitri di parte

La forza persuasiva delle lobby di potere verso il mondo politico è cosa risaputa e nota, ma nel passato è stata in parte bilanciata dal potere politico altrettanto forte sostenuto da ideologie e da una base elettorale attiva e attenta che ne limitava le storture più pericolose ed evidenti.

Negli ultimi anni alcuni fattori hanno notevolmente incrementato il potere delle lobby:

- Con la caduta delle ideologie è più facile per il politico corrotto (materialmente o moralmente) giustificare scelte che avvantaggiano qualche lobby, non dovendo più giustificare queste scelte all'interno di predefiniti dogmi ideologici che se non altro indirizzavano l'azione politica e limitavano le opzioni della classe politica.
- Il potere economico di alcune multinazionali è ora paragonabile a quella di molte nazioni e quindi le leve economiche di persuasione (per non dire di ricatto) che queste multinazionali possono utilizzare con singole nazioni sono spesso difficili da contrastare anche per una classe politica che cercasse di fare il bene del paese.

– La globalizzazione ha infine permesso a queste multinazionali di non sottostare più ad una specifica legislazione ma di muoversi liberamente tra le nazioni alla ricerca della legislazione più favorevole scegliendo di volta in volta la nazione più accondiscendente a seconda dell'aspetto da ottimizzare: sede fiscale per la tassazione, stabilimenti inquinanti in determinate nazioni per la legislazione ambientale, stabilimenti con molta manodopera in altre per la legislazione sul lavoro e il costo del lavoro, etc., etc.
Il quadro normativo legislativo non è pronto per affrontare queste complessità globali e la pressione delle lobby ha ulteriormente ritardato il coordinamento delle nazioni in materia legislativa, impedendo di fatto il benché minimo quadro normativo internazionale anche per argomenti come paradisi fiscali e tax rule che sarebbero facilmente regolamentabili.
Basta vedere come anche all'interno dell'Europa si sta protraendo da anni la discussione sulla web tax senza essere approdati a niente di concreto e come in questo quadro normativo le multinazionali continuino ad eludere il fisco delle singole nazioni.

Tassazione e Paradisi Fiscali: porta più piccola

Le tasse sono, insieme al costo del lavoro e della materia prima, una delle principali voci di costo di un'azienda ed è quindi evidente che minimizzare o ancor meglio evitare di pagare le tasse risulti un vantaggio competitivo enorme per l'azienda interessata.

Se per gli artigiani e le piccole medie imprese il fenomeno si chiama evasione, per le grosse aziende si chiama elusione ma la sostanza non cambia e gli effetti devastanti sul mercato e sulla competizione tra aziende sono i medesimi. Già utilizzare due nomi differenti per lo stesso fenomeno, per dare una parvenza di legalità all'evasione fatta su grande scala, è indice della sudditanza della politica rispetto alla finanza.

La diseguaglianza di tassazione tra oneste imprese locali e multinazionali globali non è di pochi punti percentuali ma si passa dal 30%/40% di un'impresa locale europea a pochi punti % di tasse per le multinazionali più spregiudicate. È evidente che con questi numeri le due tipologie di aziende non competono a parità di regole.

L'ineguaglianza di trattamento fiscale tra multinazionali e piccole/medie imprese ha assunto dimensioni così esasperate che negli ultimi anni è finalmente diventato per lo meno argomento di discussione, ma proprio questo discutere da anni senza nessuna conclusione evidenzia come la classe politica sia totalmente succube delle lobby e continui a prendere tempo a parole per non disturbare.

Basti pensare che il primo atto del governo Renzi, ancor non insediato, è stato quello di abolire la cosiddetta "web tax" che perlomeno provava ad affrontare concretamente la questione. Nell'abolizione della "web tax" si possono ritrovare le solite fake news istituzionali utilizzate dai nostri politici italiani ed europei per non toccare interessi consolidati:

- "È una materia europea non possiamo agire da soli altrimenti ci multano", ben sapendo che per l'Europa ci vorranno anni per armonizzare la questione tra 25 paesi con interessi diversi e che l'Europa ha multato non chi ha provato ad arginare il fenomeno ma chi come l'Irlanda ha applicato agevolazioni eccessive anche rispetto ai canoni non certo stringenti dell'attuale legislazione.

- "Con la web tax limiteremmo l'innovazione e la trasformazione digitale" quando è evidente che la web tax avrebbe protetto le aziende innovatrici locali dalla sleale concorrenza delle aziende digitali straniere avvantaggiate da tasse irrisorie. Sintomo di questa falsità è il fatto che molte startup innovative nate in Italia hanno preso sede all'estero in paesi con legislazione fiscale favorevole per non soccombere: oltre al danno la beffa.

- "limiteremmo gli investimenti esteri in Italia": questo argomento correla in malafede gli investimenti delle multinazionali digitali con una legislazione a loro favorevole, ma se questo era vero nel passato per Fiat e altre società intenzionate a spostare/mantenere la produzione in Italia, non è assolutamente vero per le grosse multinazionali digitali che non hanno alcun intenzione di spostare la produzione ma vogliono solo appropriarsi della ricchezza degli italiani senza restituire niente alla società. Se nel passato le grosse aziende nella contrattazione potevano giocare l'arma dei posti di lavoro creati, questo non è più vero per le multinazionali digitali che sono solo interessati al mercato italiano per i suoi consumatori, quindi non possono fare nessuna minaccia visto che sono loro che perderebbero consumatori e non l'Italia a perdere posti di lavoro. Per assurdo anche se gli raddoppiassimo le tasse continuerebbero a vendere in Italia.

Nonostante se ne parli continuamente il fenomeno negli anni è persino peggiorato, e se nel passato il mezzo per eludere o meglio evadere le tasse erano principalmente i paradisi fiscali, che comportavano comunque rischi legislativi e di immagine, ora grazie alle cosiddette "tax rule" concordate singolarmente tra stati e multinazionali sono persino riusciti a minimizzare i rischi legali e a rendere il tutto legale.

Ancora una volta è evidente la debolezza degli stati nazionali nei confronti di queste multinazionali per cui nel migliore dei casi patteggiano una tassa minima pur di ottenere qualcosa, nel peggiore dei casi i politici di turno usano questo scusa per ottenere tassazioni notevolmente agevolate alle loro protette.

L'aspetto che più colpisce di queste tax rule, e che ne evidenziano la malafede, è il fatto che queste regole sono segrete e non sono pubbliche avendo inserito nel contratto una clausola di confidenzialità. Non si capisce perché lo Stato accetti questa clausola e perché la classe politica non legiferi in modo da rendere obbligatoria la pubblicazione dei termini dell'accordo in modo che gli elettori possano decidere sulla bontà o meno di questi accordi. Ancora una volta l'insipienza della nostra classe politica gioca a favore delle lobby.

L'elusione delle grandi aziende digitali americane non è di certo l'unico caso, ma l'elusione fiscale o come dicono ora l'ottimizzazione della fiscalità è così vantaggioso per le grandi aziende che anche aziende nazionali come Fiat/FCA, Ferrero e la quasi totalità delle grandi aziende italiane abbiano spostato le loro sedi all'estero per minimizzare le tasse.

L'assurdità è che tutto questo è fatto alla luce del sole, anzi con il plauso del mercato, e senza che nessuno obietti come questa pratica di decidere il paese in cui pagare le tasse non è possibile né per la piccola/media impresa né tanto meno per il cittadino privato.

Tutto questo viene giustificato in nome di una "sana concorrenza" delle nazioni sulle tasse, cioè in virtù del fatto che un paese virtuoso, quindi in grado di gestire al meglio le proprie tasse, sia in grado di attrarre aziende e cittadini grazie ad una tassazione ridotta pur garantendo stessi livelli di servizi, infrastrutture e politica sociale.

Tutto questo è palesemente falso, basti infatti verificare come i paradisi fiscali e i paesi a tassazione notevolmente vantaggiosa, non siano nazioni con una popolazione significativa (decine di milioni di abitanti) ma piccole nazioni con un numero esiguo di cittadini (qualche centinaio di migliaia) per cui 1% o meno di tasse di una grossa multinazionale può garantire gli investimenti e il benessere del paese. Il problema risiede nel fatto che le infrastrutture, gli investimenti, l'istruzione, la ricerca e la politica sociale che permette a queste grandi aziende di produrre, distribuire e vendere ad una popolazione benestante non sono sovvenzionate dalle tasse di queste stesse aziende ma dalle migliaia di aziende locali e cittadini privati che si fanno carico delle tasse del paese.

La questione è così palesemente sbagliata dal punto di vista sia sociale sia economico, che risulta stupefacente quanto sia la classe politica ma ancora peggio la classe di intellettuali (includendo tra questi economisti, filosofi e letterati in genere) non abbiano smascherato l'inganno e siano completamente muti a riguardo, lasciano la battaglia ai cosiddetti "populisti" o a chi in nome di questa colossale ingiustizia giustifica quindi l'evasione fiscale del piccolo parrucchiere o idraulico.

Delocalizzazione: 22 giocatori in campo

La delocalizzazione è forse l'aspetto più noto della globalizzazione e riguarda la possibilità di spostare la produzione di prodotti e servizi in paesi con un costo del lavoro notevolmente più basso, grazie all'evoluzione della rete logistica e, per quanto riguardi i servizi, dell'infrastruttura di comunicazione.

La delocalizzazione è servita inoltre per eludere qualsiasi legislazione nazionale non solo riguardante le tutele minime dei lavoratori, ma anche quelle ambientali e fiscali, permettendo alle grosse multinazionali di selezionare il paese più accondiscende rispetto all'aspetto da "ottimizzare": quindi manodopera in paesi con poche tutele dei lavoratori, impianti inquinanti in altri paesi che chiudono un occhio riguardo all'inquinamento e sede fiscale in un altro paese ancora favorevole per la fiscalità.

Evidenti sono i benefici, almeno nel medio periodo, per le grandi aziende produttrici che hanno così ridotto di un ordine di grandezza i costi di produzione senza nessun investimento significativo né di innovazione tecnologica né di processo. E mentre imperava, e impera tuttora, una narrazione che magnificava l'evoluzione tecnologica e con essa il rischio che i robot rubino il lavoro agli uomini, non si è trovato niente di meglio che tornare a sfruttare le popolazioni più arretrate economicamente con forme di schiavismo queste si moderne.

Evidenti erano fin dall'inizio gli svantaggi per le nazioni occidentali, in particolare la perdita di posti di lavoro, ma i timori sono stati neutralizzati da una narrazione che esaltava i benefici di una sana concorrenza con la conseguente riduzione dei costi per il consumatore, che sottolineava la ricchezza e il benessere che avrebbe portato alle nazioni economicamente arretrate e infine dall'assunto che la delocalizzazione avrebbe accompagnato l'evoluzione della società dal manufatturiero (il lavoro dei poveri) al terziario (il lavoro dei colti) senza perdita di posti di lavoro e ricchezza grazie alla riconversione della manodopera.

Sebbene alcuni di questi aspetti abbiamo dei fondamenti, la delocalizzazione incontrollata ha invece provocato danni ben superiori alla società, danni che abbiamo iniziato a percepire con le prime crisi globali e che stiamo realizzando pienamente soltanto negli ultimi anni.

Gli aspetti da considerare sono molteplici ma ci limiteremo ai principali.

Ancor più che la perdita dei posti di lavoro, il danno più evidente è la perdita di ricchezza dell'intero paese dovuta ad un circolo vizioso in cui la ricchezza estratta dai cittadini di una data nazione tramite la vendita di prodotti e servizi non si riversa nel paese sotto forma di creazione di lavoro (e men che meno sotto forma di tasse) ma viene per la minima parte esportata sotto forma di lavoro nei paesi a basso costo e per la gran parte accantonata sotto forma di utili da nascondere in paradisi fiscali a privilegio di pochi.

Se negli anni del boom economico si era creato un circolo virtuoso in cui il benessere del lavoratore si trasformava in crescita della stessa impresa perché il lavoratore era esso stesso consumatore dei beni creati e quindi un miglioramento delle condizioni economiche e sociali del lavoratore giovava alla stessa impresa, con la delocalizzazione questo circolo virtuoso si rompe: non essendo più il lavoratore anche consumatore dei beni prodotti non c'è più interesse ad un miglioramento delle sue condizioni economiche, perché la ricchezza viene estratta dai consumatori di un altro paese economicamente più ricco.

Ovviamente poiché la ricchezza estratta dal paese ricco non si riversa più nel paese stesso, questo inizia gradualmente ad impoverirsi disperdendo la ricchezza accumulata dalle generazioni precedenti.

Due sono le principali evidenze di questo impoverimento:
- L'alto indebitamento dei cittadini statunitensi e ultimamente anche Europei per sostenere un adeguato livello di vita
- I consumi interni stagnanti o in regressione ormai da anni e la poca crescita economica sostenuta principalmente dell'export e non da una crescita dei consumi interni.

Ma oltre a danneggiare il tessuto sociale ed economico dei paesi sviluppati, la delocalizzazione non ha nemmeno portato i benefici prospettati alle nazioni poco sviluppate, perché rompendo il circolo virtuoso di lavorate=consumatore, non c'è più alcun interesse da parte delle aziende ad alzare il livello economico della classe lavoratrice perché non sono loro il target dei propri prodotti. E qualora il livello economico di queste nazioni si dovesse alzare per qualche diritto conquistato c'è sempre un'altra nazione se non un intero continente (vedi Africa) a disposizione per essere sfruttato.

Allo sfruttamento della manodopera, bisogna inoltre aggiungere l'enorme costo ambientale e di salute che le nazioni poco sviluppate hanno sostenuto e continuano a sostenere a causa di processi produttivi privi di ogni salvaguardia ambientale.

Fa sorridere, ma dovrebbe invece indignarci, la tardiva conversione odierna alla causa ambientale di tutte le multinazionali che per anni hanno sfruttato la delocalizzazione scientemente non solo per il costo della manodopera, ma proprio per aggirare le normative ambientali e di sicurezza sul lavoro presenti nelle nazioni di origine.

Un altro effetto negativo, soprattutto per il tessuto industriale italiano, è stato l'instaurarsi di uno scenario competitivo estremamente vantaggioso per la grande industria a discapito della piccola e media industria che non ha potuto delocalizzare la produzione all'estero a causa di costi di gestione giustificabili solo con grandi volumi produttivi. Questo vantaggio competitivo però non è stato raggiunto grazie ad innovazione tecnologica o di processo sviluppate dalle aziende migliori ma solo grazie ad un becero abbassamento dei costi dovuto a manodopera sottopagata e a processi produttivi tutt'altro che innovativi spesso se non sempre dannosi per l'ambiente. In questo scenario non vengono quindi premiate le aziende migliori, come vorrebbe la dottrina capitalista, ma solo le più furbe a discapito della collettività che solo ora si accorge dell'enorme prezzo da pagare in termini di sostenibilità sociale e ambientale a fronte di un fittizio abbassamento dei prezzi al consumatore concesso, in parte, dalle multinazionali per distogliere l'attenzione dai danni collaterali.

Se in Italia è ancora presente un tessuto industriale vivace e spesso di primissima qualità, è solo grazie alla vera innovazione portata avanti nonostante tutto dalla piccola e media industria, che si è vista costretta a trovare vie alternative alla delocalizzazione per poter sopravvivere.

Infine, un ulteriore effetto collaterale della delocalizzazione è stata la perdita di conoscenze e di competenza delle nazioni aggravando ulteriormente la perdita di ricchezza discussa precedentemente, perché senza le competenze non è possibile creare nuova ricchezza e invertire la tendenza di impoverimento.

Con la delocalizzazione ci si è illusi di poter spostare nei paesi sottosviluppati solo la mera produzione dei beni, la manodopera non qualificata mantenendo la conoscenza qualificata, il "know how" differenziante nei paesi sviluppati col motto ormai classico "design and engineering in USA, made in China".

Non ci si è accorti che insieme ai processi produttivi si esportava anche la conoscenza, la tecnologia e ben presto le aziende di questi paesi sono evolute passando da puri esecutori a ideatori di prodotti, diventando dei veri e propri competitor delle aziende occidentali.

Al contrario le aziende occidentali delocalizzando la produzione hanno perso la conoscenza, inizialmente quella di dettaglio legata alla catena produttiva e via via anche quella più ingegneristica, quella relativa all'ideazione del prodotto: da una parte col crescere della conoscenza nei paesi poco sviluppati si è creata un offerta anch'essa a basso costo di manodopera qualificata, dall'altra nelle nazioni occidentali si è iniziato a non alimentare correttamente la formazione di personale qualificato e ad un certo punto ci si è accorti di dover per forza appoggiarsi ai paesi a basso costo anche per le risorse qualificate.

Il risultato è che oggi se volessimo riportare indietro la produzione, in particolare in alcuni settori tecnologici, non ne saremmo più in grado, non avremmo le conoscenze né di progettare prodotti né di instaurare una catena produttiva, perché mancherebbero non solo le competenze di dettaglio e l'esperienza concreta ma anche tutta la filiera produttiva dai semilavorati alla diversa componentistica in grado di abilitare la produzione di questi prodotti.

Inoltre, si è anche perso la capacità di innovare che si alimenta non solo dalle università ma anche e soprattutto dal basso scontrandosi e risolvendo giorno dopo giorno i diversi problemi della produzione e che creano quell'humus di conoscenza e innovazione propria dei distretti produttivi, una volta vanto dell'Italia.

Ci vogliono decenni per creare un distretto industriale specializzato in un settore che consiste in imprenditori, manodopera qualificata e non qualificata, industrie e macchinari, network di collaborazione e scambio di conoscenze, ma bastano pochi anni di delocalizzazione per distruggerlo disperdendo una ricchezza per il paese ben più importante dei pochi soldi guadagnati da un costo della produzione basso.

Tutto questo è avvenuto con il plauso non solo della classe politica, da sempre al servizio del più forte, ma anche della classe intellettuale, economisti in prima linea, che non hanno visto o non hanno voluto vedere i danni che avrebbe portato al tessuto industriale italiano e globale.

Finanza globale e virtuale: nessun fuorigioco

Sul ruolo della finanza nel mondo globale si è già scritto molto e molte sono le critiche che arrivano da diversi settori dell'opinione pubblica relative all'immenso potere che esercita sulle nazioni grazie a mezzi economici e politici orami superiori a qualsiasi paese.

Anche in questo caso però le critiche sono indirizzate, direi in maniera teorica, solo verso quelle conseguenze chiaramente inaccettabili di queste ingerenze ma non viene messo in discussione il fatto in sé e il come si sia arrivati a questo sbilanciamento di poteri a favore della finanza, ritendo ancora una volta queste storture effetti collaterali secondari di una evoluzione imprescindibile della società dove la finanza genera benessere per tutti.

Sono invece convinto che anche l'estrema e immensa ricchezza della finanza sia dovuto in larga parte da un contesto politico connivente che ha permesso di accumulare ricchezza a discapito della popolazione mondiale nei momenti di crescita e di limitare le perdite se non di guadagnare grazie all'intervento pubblico durante i periodi di crisi: si sono privatizzati i guadagni e rese pubbliche le perdite.

La finanza del mondo iperliberista ha sempre sventolato il vessillo della propria capacità di creare ricchezza autoregolandosi e additato qualsiasi intervento dello stato nell'economia come deleterio per poi chiedere a gran voce l'intervento pubblico in caso di crisi perché incapace di salvarsi con i propri mezzi. Interventi che vengono puntualmente erogati per non far ricadere gli effetti negativi di default finanziari sulla popolazione senza però far mai pagare il conto alla finanza.

Ma a dispetto della narrazione anche l'accumularsi di ricchezza nei periodi di crescita è in gran parte sostenuto dall'intervento pubblico e da politiche favorevoli alla finanza.

Alcune delle politiche accondiscendenti al mondo della finanza le abbiamo già analizzate nei capitoli precedenti e quindi mi vorrei soffermare su alcuni aspetti peculiari:
- La digitalizzazione della finanza che ha permesso la globalizzazione dei flussi finanziari di fatto completamente deregolamentata
- La virtualizzazione della finanza che a partire dall'abbandono della parità oro-dollaro e dalla privatizzazione delle banche centrali ha di fatto creato una ricchezza virtuale sempre meno correlata con la ricchezza reale in circolazione ma che come un parassita si appoggia a quest'ultima per sostenere e alimentare una ristretta oligarchia finanziaria.

La digitalizzazione è stato lo strumento tramite cui si è potuto attuare la globalizzazione della finanza e ricopre lo stesso ruolo che ha ricoperto l'evoluzione della rete logistica per la delocalizzazione della manifattura.

Di fatto la digitalizzazione ha permesso non solo di operare in tutti i mercati del mondo spostando immensi capitali in pochi secondi ma ha permesso di sottrarsi alle regolamentazioni delle singole nazioni sfruttando la mancanza di regole globali e di eludere le poche regole esistenti tramite la creazione di paradisi fiscali e finanziari.

Inoltre, la delocalizzazione dei servizi finanziari, permettendo alle società finanziare di andare alla ricerca di facili profitti globalmente, ha allontanato la finanza dall'economia reale incrinando quel suo ruolo fondamentale di abilitatore dell'iniziativa imprenditoriale che è sempre stato il valore fondante della sua azione nonché la giustificazione dei propri guadagni.

Si è rotto un circolo virtuoso, benché conflittuale, tra capitale e lavoro: il capitale per moltiplicarsi ha sempre avuto necessità dell'attività imprenditoriale che a sua volta per realizzarsi necessitava di lavoro, quindi finanza, imprenditori e forza lavoro collaboravano al bene comune della società.

Con la globalizzazione della finanza questo circolo si rompe e la finanza non ha più bisogno di investire su imprenditori locali, che anzi vede come puri rischi, ma cerca guadagni facile nella speculazione e nella borsa globale, che se in teoria è ancora legata all'economia reale nella pratica è sempre più paragonabile ad un gioco speculativo virtuale.

Veniamo così al secondo aspetto che caratterizza l'attività finanziaria attuale: la finanza virtuale.

Per finanza virtuale intendo una attività finanziaria che basa il suo valore non su un valore economico reale ma su valori virtuali sempre più lontani dal valore reale del bene sottostante.

Analizziamo alcune evidenze che rendono palese questo scostamento tra economia reale e finanza virtuale.

In primo luogo, si stima che l'ammontare dell'attività finanziaria globale sia 30 volte superiore al Prodotto Interno Lordo globale. Questo è possibile grazie a prodotti finanziari derivati, tristemente diventati famosi presso il grande pubblico durante la crisi dei mutui subprime, che altro non sono che scommesse sui più disparati valori dell'economia: sui tassi di interesse, sulle valute, sui prezzi delle materie prime, sull'andamento degli indici azionari, sul fallimento di stati o di grandi imprese. Solo una piccola parte di questa attività finanziaria è legata ai prodotti primari, cioè azioni e obbligazioni.

Inoltre, in questi ultimi dieci anni il moltiplicatore tra il valore dei derivati e il PIL è cresciuto a ritmi vertiginosi mentre il moltiplicatore dei prodotti primari è rimasto costante.

Se poi teniamo conto che grazie alla delocalizzazione delle attività finanziare, questa ricchezza finanziaria riesce ad eludere qualsiasi tassa, è evidente che non c'è più alcun interesse ad investire nell'economia reale, con tutti i suoi rischi e i faticosi guadagni, ma sia molto più conveniente per la finanza speculare in questa tipologia di attività che non porta nessun beneficio alle società.

Ma anche i prodotti primari, come le azioni, non sono immuni da questa virtualizzazione del valore: infatti il valore di capitalizzazione delle aziende, soprattutto in ambito tecnologico, è passato in pochi anni da essere un multiplo dell'utile ad un multiplo del fatturato, molto più legato alla narrativa di marketing dell'azienda che ad un'analisi del suo reale potenziale e capacità di creare utile.

Come per i derivati, prevale negli investitori più la scommessa sul valore dell'azione nel breve/medio periodo piuttosto che l'analisi degli utili che l'azienda sarà in grado di generare. I dati di bilancio, gli utili, i piani di investimento diventano secondari rispetto ad un leader carismatico, ad una buona narrazione di marketing che possano convincere i fantomatici mercati a comprare azioni a prezzo più elevato. Si possono solo così spiegare per molte aziende innovative valori di capitalizzazione strabilianti per società incapaci di creare utili. Anche in questo caso investire in aziende solide ma che generano faticosamente il cinque/dieci per cento di utile, non è più appetibile per una finanza che gioca le sue carte su aziende nuove che possono raddoppiare il loro valore nel giro di pochi mesi, trainate da una narrazione convincente.

L'investimento in azioni non è quindi più legato alla capacità dell'azienda di remunerare l'investimento iniziale grazie alla capacità di generare utili ma solo una scommessa sulla probabilità che il valore dell'azione cresca nel tempo, e se nel passato i due fatti erano correlati (capacità di creare utile e valore dell'azione) ora spesso non lo sono e come in un gioco d'azzardo si scommette su quale azienda sarà capace di creare una storia avvincente promettendo un fantastico futuro a cui gli investitori crederanno. Si entra in un circolo vizioso o virtuoso a seconda dei punti di vista, che più è probabile che gli investitori credano alla narrativa di marketing di una certa azienda più saranno gli investitori disposti a giocare questa scommessa, indipendentemente se l'investitore crede o meno al potenziale dell'azienda.

Si è così creato un immenso schema ponzi, un gioco al continuo rialzo basato tutto sulla capacità di mantenere alta la confidenza dei mercati, in cui non conviene a nessun far notare che il re è nudo.

Un esempio estremo ma lampante di questo immenso schema ponzi è il fenomeno dei bitcoin o cripto valute. I bitcoin sono nati come intuizione geniale sia nell'ambito della criptografia trovandone un'applicazione concreta e originale sia in quella finanziaria scandagliando il concetto ultimo di "moneta".

Nascono come moneta virtuale col "nobile" scopo di creare una moneta democratica creata dal basso e favorire le transazioni digitali disintermediando le banche. Ben presto però questa operazione mostra il suo vero volto diventando la moneta della criminalità e rappresentando una valuta di investimento non più una moneta per transazioni commerciali.

Sono convinto che nonostante questo fenomeno sia inizialmente nato contro le banche e la finanza (almeno nella narrazione pubblica), non sia stato da queste ultimo osteggiato e reso illegale (e come sappiamo se la finanza considera pericoloso un fenomeno trova il modo di renderlo illegale) perché lo ritiene un interessantissimo esperimento che porta agli estremi quello che la finanza sta tentando di fare in questi anni:

- Disintermediazione dello stato e privatizzazione della capacità di emettere valuta
- Virtualizzazione del valore della valuta/del sottostante basata sulla fiducia dell'utilizzatore e non sul suo controvalore reale. Fiducia che può essere manipolata con un'informazione distorta.
- Creazione di un mercato finanziario basato su questo valore virtuale senza alcun vincolo relativo a controvalori reali sottostanti.

Il primo passo verso la privatizzazione della capacità di emettere valuta è avvenuto con l'istituirsi della FED in USA e in seguito in Europa con la privatizzazione delle banche centrali nazionali e successivamente con la creazione della BCE.

Ovviamente questo è solo un primo passo, avvenuto sotto la spinta di economisti che per garantire la stabilità della valuta dopo anni di inflazione incontrollata hanno suggerito di separare il governo e la politica economica dalla politica monetaria, poiché quest'ultima era diventata facile strumento della politica per sopperire alla propria incapacità di gestione del bene pubblico. Il suggerimento di separare i due poteri in se potrebbe essere corretto e ha dato i suoi frutti in questi anni con bassi tassi di inflazione, ma molto opinabile è la decisione di attuare questa decisione privatizzando le banche centrali e quindi la capacità di emettere valuta. Come per gli altri poteri dello stato, legislativo, esecutivo e giudiziario, si sarebbe potuto trovare una formula di indipendenza dalla politica rimanendo sempre nell'ambito del pubblico. Tralasciando la diatriba e la contestazione relativa al diritto di aggiotaggio e agli utili generati dalla creazione di valuta a favore di un ente privato, rimane comunque un passo concettuale notevole aver delegato al privato una delle funzioni base di uno stato nazionale.

Ma come abbiamo detto questo è solo un primo passo, poiché la governance delle banche centrali è determinata dai governi nazionali e quindi lo stato mantiene un certo controllo e potere sulle banche centrali e quindi un controllo sulla capacità di emettere valuta.

Con la cripto valuta si è fatto un passo molto più estremo, perché non solo si sono disintermediate le banche per quanto riguarda le transazioni monetarie ma si è anche disintermediato completamente lo stato nel processo di creazione della valuta.

E non è un caso, infatti, che visto il successo del bitcoin e visto che la politica e l'opinione pubblica non sono intervenute a valutare la liceità di questa operazione, Facebook abbia lanciato il progetto di una sua cripto valuta cioè un progetto estremo di privatizzazione della valuta che estromette di fatto tutti gli stati nazionali da questo processo.

Si sono alzate alcune voci contrarie a questo progetto ma solo per contestare lo strapotere di Facebook in questo periodo non per argomentare come il processo di emissione di valuta e quindi di certificazione del valore di una valuta sia una parte integrante fondamentale del concetto stesso di Stato Nazionale, perché laddove lo Stato non fosse più lui il garante della moneta circolante verrebbe di fatto ridotto di molto il suo potere e in parte anche la sua ragione d'essere.

Arriviamo così al secondo punto cruciale di questa evoluzione cioè la virtualizzazione del valore della moneta che ha avuto un'accelerazione nel 1971 con l'abbandono della convertibilità oro-dollaro che costringeva la FED a possedere una percentuale di riserva in oro in relazione con la valuta emessa.

Questo cambio epocale nel processo di emissione della valuta, reso necessario per affrontare l'enorme spesa che gli Stati Uniti dovettero affrontare per la guerra in Vietnam, permette alle Banche Centrali di emettere valuta senza alcun limite se non le possibili conseguenze sull'inflazione nel rapporto con le altre valute in circolazione. In questo momento della trattazione, non ci interessa però l'implicazione economica e politica di questa decisione, quanto le conseguenze che ne derivano sul concetto stesso di moneta.

Abbandonare la convertibilità dollaro-oro significa emettere una moneta che non ha più come sottostante un metallo prezioso riconosciuto universalmente come ricchezza per le sue caratteristiche e la sua natura limitata, ma ha come suo fondamento la credibilità dello Stato emettitore e la sua ricchezza ultima costituita dalle ricchezze naturali, artistiche, industriali e in generale la sua capacità di creare ricchezza. In un certo senso con una moneta compro un pezzo infinitesimale di questa ricchezza e faccio un atto di fede che lo Stato rispetti e faccia rispettare questo contratto. Risulta evidente che privatizzare l'emissione della valuta ad un ente privato sia per lo meno stravagante visto che il sottostante è in ultima analisi la ricchezza della Nazione stessa e non quella della Banca Centrale che emette la valuta.

Con i Bit Coin e le Cripto Valute la finanza o chi per essa fa un altro passo in questo cammino, e sperimenta una moneta che in maniera del tutto trasparente non ha nessun controvalore reale e nemmeno nessuna ricchezza dell'ente emettitore a giustificarne il valore, ma solo un artificioso meccanismo per cui questa valuta fittizia è di difficile creazione e limitata nella quantità.

Il suo valore si basa semplicemente su una convenzione che una comunità di persone più o meno grande accetta di accordare avendo fiducia che questa convenzione duri nel tempo nonostante sia chiaro che non esiste nessun garante di questo valore.

L'idea geniale della cripto valuta non è stata tanto lo sfruttamento della blockchain per certificare le transazioni senza bisogno di un intermediatore come la banca, ma il fatto di aver replicato virtualmente le caratteristiche di un bene prezioso: la difficoltà di reperimento e la disponibilità limitata di questo bene. Ovviamente rispetto all'oro manca la caratteristica fondamentale, cioè le sue proprietà chimico/fisiche che lo rendono un metallo prezioso e utile indipendentemente dalle due caratteristiche descritte prima, ma tanto sono bastate per creare una base di consenso presso una comunità inizialmente curiosa di esplorare questa novità.

Il bitcoin nasce come moneta per semplificare le transazioni online di questa comunità di entusiasti ma ampia ben presto il suo raggio di adozione venendo adottato dal "dark web" per gestire traffici illeciti grazie alla sua caratteristica di non essere tracciato e gestito da un intermediario istituzionale.

Ma il vero salto lo fa quando inizia ad essere considerato un prodotto finanziario su cui speculare del tutto simile agli investimenti in valuta. È grazie a questa speculazione che il suo valore sale esponenzialmente e conquista la ribalta anche presso le istituzione finanziarie e del grande pubblico.

Diventa quindi un prodotto di investimento totalmente fittizio perché non basa il suo valore sulla capacità di creare ricchezza di una nazione o di una società, ma semplicemente sulla scommessa che il suo valore cresca o decresca a seconda dello stato di fiducia accordata da altri investitori a questa moneta virtuale.

È un vero e proprio gioco d'azzardo in cui si scommettono somme ingenti sulla sola possibilità che il numero di persone che scommettono sulla sua crescita sia maggiore del numero di persone che scommettono sulla sua decrescita, senza alcun legame con capacità, probabilità, valore intrinseco del bene sottostante.

In tutto e per tutto stiamo parlando di un immenso schema ponzi.

È incredibile e allo stesso tempo sintomatico, che nessuna istituzione finanziaria o politica si sia posta il problema della liceità di questa moneta e anzi l'abbia ben presto istituzionalizzata nel nome dell'innovazione.

Abbiamo analizzato il fenomeno bitcoin non per criticarlo , perché confinato nel suo ambito rappresenta comunque un idea geniale sia dal punto di vista informatico sia da quello sociologico, ma perché evidenzia portandole all'estremo le storture che stanno caratterizzando la borsa e la finanza nel suo insieme nell'era sfrenata del liberismo finanziario: anche in borsa la speculazione basa sempre meno le sue scommesse sull'analisi dei fondamentali economici di un azienda e in particolare sulla sua capacità di ripagare l'investimento con gli utili generati, quanto sulla probabilità che il racconto e il contesto in generale convincano un numero sempre maggiore a scommettere sul crescita delle sue azioni, sperando di vendere prima che la fiducia venga meno.

Solo in questo modo si possono spiegare i valori attuali di borsa per società che non generano utili da anni e che anche se li generassero non riuscirebbero mai a ripagare in tempi ragionevoli l'investimento in capitale effettuato. Anche considerando le aziende più sane come Apple, che effettivamente meritano l'attenzione degli investitori, hanno una capitalizzazione in borsa con multipli degli utili ben oltre il venti che in condizioni normali sarebbe difficilmente giustificabile.

Alcune di queste valutazioni stratosferiche si basano per lo meno sulla scommessa che il servizio/prodotto venduto diventi nel medio periodo a tutti gli effetti un monopolio di fatto, sfruttando al massimo le possibilità date dalla digitalizzazione e dalla globalizzazione senza regole, quindi puntando sul non funzionamento dalla regola base del capitalismo, che vede nella concorrenza la linfa vitale del progresso e del bene del consumatore. Ma la maggior parte sono invece vere e proprie scommesse d'azzardo rese possibili dall'immensa liquidita circolante.

Sebbene possiamo criticare questo approccio dal punto di vista etico, sarebbe perlomeno coerente con la visione neoliberista della società se fosse effettivamente capace di reggersi sulle proprie gambe ma è evidente dagli episodi degli ultimi anni che questo sistema ha bisogno dello Stato per reggersi non solo in tempo di crisi ma anche in periodi di crescita.

In periodi di crisi è stato infatti sempre evocato e ottenuto l'intervento dello Stato e dei soldi pubblici per salvare banche e istituzioni finanziarie che altrimenti non avrebbero saputo far fronte alla crisi né con riserve proprie né con riserve delle varie associazioni finanziarie private che ben predicano il loro mondo senza Stato.

Il tutto condito ovviamente dall'implicito ricatto che il fallimento di queste aziende avrebbe causato più danni alla popolazione che agli artefici del fallimento (che al massimo avrebbero perso il loro bonus milionario di fine anno). E in questo scenario ben si inquadra il fallimento di Lehman Brothers, abbastanza piccola per poter sostenere un suo fallimento, ma abbastanza grande per mostrare gli effetti diretti e devastanti del fallimento di un istituzione finanziaria sull'economia reale: nessuno oramai nomina nemmeno più la possibilità di far fallire un istituzione finanziaria privata, di fatto rimuovendo dal discorso pubblico ed economico ogni discussioni in merito e deresponsabilizzando ulteriormente la leadership finanziaria che le guida e gli investitori che giocano con queste istituzioni.

E sempre in questo scenario dobbiamo inquadrare la nascita e l'utilizzo dello strumento monetario tanto acclamato del Quantitative Easing cioè la possibilità di emettere sul mercato immense quantità di denaro virtuale a sostegno dell'economia tramite l'acquisto da parte della Banca Centrale (ripetiamo ente privato) di debito pubblico o altri asset finanziari. Questo strumento ha effettivamente permesso di mantenere i tassi di interesse sul debito pubblico sotto controllo, ma ha altresì drogato il mercato finanziario con immensa liquidità virtuale che ha sostenuto il continuo "rally" al rialzo del mercato finanziario.

Questa immensa liquidità essendo intermediata da Banche private non è infatti stata utilizzata per supportare il credito alle aziende in particolare piccole e medie e quindi per sostenere l'economia reale ma nella maggior parte dei casi è stata utilizzata dalle stesse banche o da istituzioni finanziare per acquistare debito a interessi pressoché nulli da reinvestire in operazioni finanziarie con alto rendimento. Ovviamente dal punto di vista della banca è sicuramente più vantaggioso investire in un mercato finanziario in crescita perché drogato dalla liquidità creatasi, che guadagnare pochi punti percentuali di interessi rischiando in prestiti ad aziende che devono combattere in un'economia reale.

Solo così si può infatti spiegare il fatto che nonostante l'enorme quantità di valuta creata dal nulla non si sia creata nessuna inflazione come sarebbe accaduto in passato quando era lo Stato ad emettere moneta: questa liquidità virtuale non essendo andata nell'economia reale non ha inflazionato il suo valore di acquisto reale ma è solo finita ad alimentare la borsa e la finanza incrementando il valore del tutto virtuale circolante.

Ne è riprova che nonostante gli indicatori economici fossero oramai positivi da qualche anno (ovviamente stiamo parlando precrisi dovuta al Corona Virus), non è stato possibile diminuire significativamente l'immissione di liquidità tramite QE nel mercato finanziario perché immediatamente si avvertivano ripercussioni in borsa e sulla capitalizzazione delle aziende drogate da tanta liquidità.

È a questo punto evidente l'inquietante parallelismo tra il fenomeno dei Bit Coin descritto precedentemente, che ricordiamo è per sua stessa natura puramente virtuale, e la finanza moderna creata dal neoliberismo senza regole.

In sintesi, vogliamo qui sostenere che l'enorme ricchezza creata dalla finanza non sarebbe possibile e sostenibile in un mercato meramente privato che si basasse esclusivamente sulla ricchezza circolante creata dal lavoro e dall'attività imprenditoriale, ma poggia il suo valore del tutto virtuale sulla presenza e sull'attività dello Stato che non solo interviene in caso di crisi ma alimenta altresì il suo valore facendosi garante di questo valore virtuale.

Siamo quindi di fronte ad un immenso schema ponzi alimentato direttamente delle istituzioni finanziarie sfruttando lo Stato e le istituzioni pubbliche per rendere credibile e accettabile questo schema.

Si crea quindi ricchezza dal nulla, una ricchezza virtuale che però viene convertita in ricchezza reale per la ristretta oligarchia che ha accesso e governa questa macchina: non può essere ridistribuita a tutta la popolazione perché si renderebbe manifesta la sua inconsistenza, ma al contempo questi valori virtuali vengono utilizzati per ridistribuire la ricchezza reale (sotto forma di dividendi, privilegi, stipendi) e quindi una piccola parte di questo immenso valore virtuale viene convertito in ricchezza reale per i pochi privilegiati. Sottolineo come questa ricchezza per quanto virtuale venga utilizzata come parametro per la ridistribuzione della ricchezza reale, e siccome non c'è limite alla ricchezza virtuale accumulata dall'oligarchia finanziaria e questo parametro viene utilizzato per una sorta di ridistribuzione della ricchezza reale ecco che si spiega un altro pezzo del meccanismo con cui aumenta diseguaglianza tra ricchi e poveri.

Angelo Mario

La meritocrazia

Un altro concetto cardine del liberismo è quello di Meritocrazia, concetto non solo imposto come verità assoluta ma anche come panacea di tutti i mali del mondo.

Imposto come verità assoluta perché associato al concetto stesso di Giustizia con la G maiuscola, nel suo senso più alto: "il più bravo merita di più" viene presentato come un assunto della Giustizia Assoluta o Divina, trascurando completamente di considerare che abilità, talenti e condizione sociale in cui ciascuno opera non sono merito ne demerito del singolo individuo ma bensì condizioni imposte in cui i singoli si trovano ad operare.

Senza voler affrontare una disquisizione religiosa o filosofica sul concetto di Giustizia, sembrerebbe comunque più lecito aspettarsi che la Giustizia Assoluta o Divina, come vogliamo chiamarla, tenderà a ricompensare chi ha sfruttato al meglio i pochi o tanti talenti ricevuti piuttosto che il più bravo in assoluto laddove il più bravo ha ricevuto in dote talenti iniziali distintivi senza nessun merito personale.

Un primo passo sarebbe quindi quello di legare la meritocrazia non a un concetto di Giustizia Divina ma piuttosto ad una "giustizia terrena" laddove con giustizia terrena intendo una giustizia il cui fine è quello di ottenere la miglior società possibile composta da esseri imperfetti.

La meritocrazia diventa quindi uno strumento indispensabile per ottenere il massimo da ogni singolo individuo della società, in modo che il poco dotato dia comunque il suo contributo e l'individuo dotato di molti talenti sia messo nelle condizioni materiali e morali di sfruttarli al meglio per l'intera società.

Ovviamente se fossimo esseri perfetti (ma quindi anche "non umani") non ci sarebbe necessità di fare leva sull'orgoglio e la ricompensa per ottenere il meglio da ognuno, ma sfortunatamente (o fortunatamente) siamo solo umani.

In fin dei conti, penso che il vizio di fondo di tutto il comunismo sia stato proprio quello di voler realizzare una società ideale trascurando la natura umana dei suoi componenti e volendo attuare in terra una Giustizia con la G maiuscola che però non ne può far parte.

Appurato quindi che la meritocrazia non è la giustizia per antonomasia ma pur sempre indispensabile al miglioramento della società, rimane da confutare che così come attuata dal liberismo non è la soluzione per ottenere un mondo migliore.

Il liberismo, legando la meritocrazia al concetto di giustizia, ha infatti portato all'estremo le conseguenze di questo concetto, rendendo di fatto la ricompensa per il merito un gioco in cui vince solo il primo, in cui "il più bravo" si prende tutta la posta in gioco.

Se infatti abbiamo convenuto che è vantaggioso per la società intera incentivare ognuno a dare il meglio di sé con la promessa di una ricompensa maggiore, non è altrettanto scontata l'entità di questa ricompensa e men che meno che la meritocrazia possa di per sé giustificare qualsiasi diseguaglianza tra il meno dotato e il più meritevole.

Il Liberismo ha quindi utilizzato la meritocrazia per attuare politiche a favore delle classi dominanti, per giustificare le crescenti e incontrollate diseguaglianze economiche e sociali e infine per far accettare in maniera acritica alla parte svantaggiata della società la situazione di squilibrio, facendo ricadere su di essa sola la colpa della propria condizione di miseria.

Si sono così giustificati divari di stipendi vertiginosi tra la dirigenza e la parte operativa delle aziende, oltre mille volte, senza alcun riscontro sul reale valore apportato all'azienda dal singolo ma solo in un gioco al rialzo tutto giocato all'interno di un'oligarchia di pochi privilegiati dei consigli di amministrazione intenti a non danneggiarsi. Solo così si possono giustificare contratti capestro per le società che oltre a pagare stipendi senza pari ai propri amministratori delegati si ritrovano a pagare laute liquidazioni anche nel caso di allontanamento per mancanza di risultati. In pratica la meritocrazia va bene solo se applicata all'operario o all'impiegato.

Il Liberismo ha poi completato l'opera di legittimazione delle diseguaglianze scomodato ancora una volta l'evoluzionismo per sostenere che queste diseguaglianze fanno parte dell'evoluzione naturale e portano nel lungo periodo ad una società più evoluta e migliore.

Ma è proprio attraverso l'analisi dell'evoluzione naturale che possiamo confutare questa teoria: se infatti ci soffermiamo sul singolo è vero che il più forte, il più intelligente, il più veloce sono quelli destinati a primeggiare e a sopravvivere, ma se analizziamo gruppi e società di esseri viventi ci accorgiamo che quelle che hanno privilegiato l'emergere e il primeggiare del singolo, vedi i predatori come i leoni, sono invece destinate a rimanere di piccole dimensioni e ad estinguersi, mentre le società animali che privilegiano il gruppo, la collaborazione tra i partecipanti magari con responsabilità differenti ma complementari, sono destinate a riprodursi e ad evolvere in maniera più equilibrata e sanno fare fronte agli imprevisti, in una parola prevalgono come società e non come singoli.

Siamo così giunti alla conclusione che sebbene la Meritocrazia sia necessaria e fondamentale per ottenere una società migliore in cui ognuno sia spronato a dare il meglio di sé, la sua applicazione acritica e senza limiti in cui il più meritevole vince tutta la posta in gioco non è funzionale all'ottenimento del bene comune e quindi ad una società migliore.

Angelo Mario

Pars construens

Nella Pars Destruens abbiamo brevemente analizzato gli effetti negativi e le storture provocate da un eccesso di liberismo economico e da un processo di globalizzazione non governato che ha permesso a una piccola parte della società di avvantaggiarsi a discapito delle maggioranza della popolazione.

Abbiamo anche constatato che questo fenomeno è stato in gran parte reso possibile da una politica, da una quadro legislativo e più in generale da una concezione della società che non erano preparati ad affrontare fenomeni su scala globale ed è stato quindi semplice per attori abituati a muoversi in un contesto globale, siano esse multinazionali o compagnie finanziarie, sfruttare questo momento di cambiamento non governato per avvantaggiarsi.

Risulta pertanto evidente che i problemi analizzati non possono essere mitigati o corretti con semplici aggiustamenti alle politiche attuali, siano esse di stampo socialista o capitalista, ma richiedono un profondo ripensamento della società nel suo complesso alla luce dei profondi stravolgimenti che l'evoluzione tecnologica e di conseguenza la globalizzazione de facto della società ha comportato.

Abbiamo altresì constatato che si è cercato di rispondere a questi cambiamenti con le vecchie categorie del '900 entrambe inadeguate alla situazione attuale: il nazionalismo ora chiamato sovranismo che vorrebbe tornare ad un mondo che non potrà più esserci e il comunismo/socialismo che aspirando ad un modello unico globale ha fornito le braccia e il substrato ideologico alla globalizzazione capitalistica.

Gli aspetti più critici che dovrebbero essere affrontati per ridefinire una nuova visione della società sono a mio avviso i seguenti:

- Il ruolo delle multinazionali in una visione che ne ridefinisca non solo i diritti ma anche i doveri verso le singole nazioni e la società globale e al contempo il ruolo della piccola e media impresa che risulta ancora fondamentale per una società più a misura d'uomo.

- Il ruolo della finanza vista come fattore abilitante dell'attività imprenditoriale e di sviluppo della società e non come puro moltiplicatore di capitale.

- Il ruolo dello Stato nella società anche e soprattutto nella sfera economica e nei confronti dell'iniziativa privata, alla luce dei tanti interventi effettuati per salvare grandi società private in difficoltà, dei diversi monopoli di fatto che la rivoluzione tecnologica ha abilitato e delle sfide ambientali che abbiamo di fronte.

- Il ruolo della Nazione, cioè di uno Stato Sovrano di limitata estensione territoriale e caratterizzato da comunanze di tradizioni, usanze, storia e visione della società che sembra aver perso la sua ragione d'essere in un mondo globale che tende ad uniformare tutto al pensiero unico dominante.

In sintesi, emerge la necessità di ridefinire un modello organizzativo della società che sia in grado di governare un mondo globale che ha complessità di un ordine di grandezza superiore al passato e che non possono essere affrontati con gli stessi strumenti del secolo scorso.

Facendo un'analogia senz'altro azzardata e certamente provocatoria, è la stessa sfida che, con i dovuti paragoni, le multinazionali globali hanno dovuto affrontare nella loro trasformazione da organizzazione locale a organizzazione globale. E in questa trasformazione le multinazionali hanno esse stesse sperimentato alcuni di questi mali: burocrazia imperante, incapacità di interpretare un mondo in cambiamento, lentezza nell'adeguarsi alle nuove richieste, modelli di leadership e processi decisionali inadeguati, in una parola incapacità di adeguarsi alle nuove condizioni al contorno.

Alcune organizzazione hanno saputo adeguarsi mettendo in discussione il loro vecchio modello e abbracciando un modello di organizzazione e di processo nato nell'Information Technology e comunemente chiamato "Metodologia Agile".

Questa metodologia, tuttora in evoluzione, ha tentato con notevole successo di coniugare l'agilità decisionale e di adattamento delle piccole organizzazioni alle grandi organizzazioni multinazionali, cercando di mitigare i difetti del grande con i pregi del piccolo e viceversa.

In questa trattazione vogliamo quindi prendere spunto da alcuni dei principi fondamentali di questa metodologia per verificare se gli stessi principi ispiratori possono essere di aiuto sia ad elaborare questa visione sia nel definire il nuovo modello organizzativo di una società capace di conciliare il globale con il locale.

Prossimamente...